난 햇빛을 받아
양분을 만들어.
난 풀을 먹고,
개구리에게 먹혀.
난 메뚜기를 먹고,
너구리에게 먹혀.
난 개구리를 먹고,
붉은여우에게 먹혀.
우아,
맛있겠다.

글 장선혜

한국외국어대학교에서 신문방송학을 공부했습니다. 1994년 출판미술대전 토이북상 대상을 받았고, 현재 출판 기획사 '하늘땅'의 대표로 있습니다. <수학 나라 이야기쟁이>, <웃음 단추>, <아가는 안 먹는대>, <샐리의 법칙>, <엄홍길, 또다시 히말라야로!> 등 많은 그림책을 기획하고 글을 썼습니다.

그림 김진화

대학에서 회화를 공부하였고, 현재는 어린이책 그림 작가로 활동하고 있습니다. 그동안 <난 자동차가 참 좋아>, <마리 퀴리>, <미켈란젤로> 등의 책에 그림을 그렸습니다.

감수 박시룡

경희대학교 생물학과를 졸업하고 독일 본대학교에서 동물행동학을 전공하여 박사 학위를 받았습니다. 한국교원대학교 생물교육과 교수, 황새복원연구센터 소장을 지냈습니다. 지은 책으로 <와우! 우리들의 동물친구>, <동물행동학의 이해> 등이 있고, 옮긴 책으로는 <딱새를 속여 번식하는 뻐꾸기>, <진딧물을 길들이는 붉은개미> 등이 있습니다. KBS <동물의 세계>, <동물의 왕국>의 감수도 맡고 있습니다.

동물 · 먹이 사슬 09 붉은여우를 잡으려면

장선혜 글 · 김진화 그림 · 박시룡 감수
펴낸곳 (주)아람키즈 | 펴낸이 이소영 | 주소 서울특별시 성동구 성수이로 147, 아이에스비즈타워 2F
고객센터 1644-4521 | 팩스 02-468-5548 | 홈페이지 www.aramkids.co.kr | 출판등록 제2020-000011호
기획 · 편집 · 디자인 (주)아람키즈 하늘땅
ISBN 979-11-6543-518-9 979-11-6543-574-5(세트)

- 눈을 편안하게 해 주는 친환경 식물성 원료인 콩기름 잉크로 인쇄하였습니다.

▲ 책 모서리가 날카로워 다칠 수 있으니 사람을 향해 던지거나 떨어뜨리지 마십시오.
▲ 종이에 베이거나 긁힐 수 있으므로 주의해 주십시오.

붉은여우를 잡으려면

장선혜 글 · 김진화 그림 · 박시룡 감수

아람키즈

꼬마야!

'내가 **붉은여우***를 잡으면
나를 꼬마라고
놀리지는 않겠지?'

붉은여우가 샘물로 내려와

꼴깍꼴깍 물을 마셨어요.

인디언 꼬마가 슬금슬금 다가가

활을 당겼더니……

붉은여우 투다닥 투다닥 달리고,

인디언 꼬마 쫄래쫄래 쫓아갔어요.

한참을 달려도 붉은여우는 저만치 앞서갔어요.

붉은여우가 **너구리***를 보았어요.

줄무늬 너구리 쪼르르르 도망가고,

붉은여우 투다닥 투다닥 쫓아갔어요.

그 뒤를 인디언 꼬마가 뒤뚱뒤뚱 쫓아갔어요.

너구리가 **개구리***를 보았어요.

점박이 개구리 폴짝폴짝 도망가고,

너구리 쪼르르르 개구리를 쫓아가고,

붉은여우 투다닥 투다닥 너구리를 쫓아갔어요.

그 뒤를 인디언 꼬마가 허둥지둥 쫓아갔어요.

개구리가 **메뚜기***를 보았어요.

메뚜기 포르르르 도망가고,

개구리 폴짝폴짝 메뚜기를 쫓아가고,

너구리 쪼르르르 개구리를 쫓아가고,

붉은여우 투다닥 투다닥 너구리를 쫓아갔어요.

그 뒤를 인디언 꼬마가 어정어정 쫓아갔어요.

그러다가…….
개구리에게 쫓기던 메뚜기가
풀숲으로 포르르르,
쏙 숨어 버렸어요.

그리고
너구리에게 쫓기던 개구리는
연못 속으로 텀벙,
쏙 들어가 버렸어요.

붉은여우에게 쫓기던 너구리도
작은 굴속으로 사사삭,
쏙 기어들어 갔어요.

그때 인디언 꼬마의 화살 하나가 툭!
붉은여우 깜짝 놀라 귀를 세우더니
투다다닥 투다다닥 도망갔어요.

인디언 꼬마는 풀썩 주저앉았어요.

'붉은여우는 너무 빨라 잡을 수 없어.

붉은여우는 너구리를 쫓고,

너구리는 개구리를 쫓고,

개구리는 메뚜기를 쫓고,

메뚜기는 풀숲에 숨었어.'

'만약 나에게 풀이 있다면……?
그 풀을 찾아 메뚜기가 찾아오고,

메뚜기를 잡으려고 개구리가 쫓아오고,
개구리를 잡으려고 너구리가 쫓아오고,
그리고 너구리를 잡으려고 붉은여우가 올 거야.'

꼬마 인디언이 풀을 한 움큼 뜯었어요.

그리고 화살집에 풀을 가득 담더니

엉덩이를 흔들면서 집으로 돌아갔어요.

인디언 꼬마는 앞마당에 풀을 심어

붉은여우를 잡을 거예요.

먹이 사슬

자연에서 동물들은 서로 먹고 먹히며 살아가요.
동물들이 먹고 먹히는 모양을 그려 보면 마치 사슬처럼 보여요.
그래서 동물들 사이의 먹고 먹히는 관계를 먹이 사슬이라고 해요.

육지에서 먹이 사슬을 찾아 봐요.

이번에는 바닷속에서 먹이 사슬을 찾아 볼까요?

하지만 한 동물이 한 종류의 먹이만 먹는 것은 아니에요.
우리가 밥도 먹고 반찬으로 여러 가지를 먹는 것처럼, 동물들도 여러 종류의 먹이를 먹어요.
그렇기 때문에 먹이가 모자라 동물들이 굶어 죽는 일은 거의 일어나지 않아요.

신나는 과학놀이

문제 동물들 사이의 먹고 먹히는 관계를 먹이 사슬이라고 해요.
다음 중 먹이 사슬이 **옳게 짝지어진** 그림을 고르세요.

정답은? 1 2 3 4

정답: 4